8° R
సింహరి

RELIGION DE L'HUMANITÉ

par Auguste COMTE sous l'inspiration de CLOTILDE

L'Amour pour principe, et l'Ordre pour base;
Le Progrès pour but.

Ordre et Progrès.   Vivre pour autrui.   Vivre au grand jour.

APOSTOLAT POSITIVISTE

La propagande positiviste à Paris, d'après la consécration
de la Maison où est morte CLOTILDE,
au culte de l'HUMANITÉ.

INAUGURATION

DE LA

CHAPELLE DE L'HUMANITÉ

qui a été installée à Paris, dans la Maison de la

RUE PAYENNE n. 5

(près l'Église St. Paul-St. Louis, rue St. Antoine.)

Paroles prononcées, à cette occasion,

PAR

R. TEIXEIRA MENDES.

... la religion dont la Postérité t'attribuera
(à CLOTILDE) la fondation autant qu'à moi.
Auguste COMTE, Testament: *Dernière
Confession*, p. 239.

Paris, c'est la France, l'Occident, la Terre.
Auguste COMTE

RIO DE JANEIRO

Dante 51 de l'ère normale, 19 Août 1905

CXVII année de la Grande Crise Occidentale
nommée
Révolution Française

18e année du Positivisme Religieux

DISTRIBUTION GRATUITE

INAUGURATION

DE LA

CHAPELLE DE L'HUMANITÉ

RELIGION DE L'HUMANITÉ

Fondée par Auguste COMTE sous l'inspiration de CLOTILDE

**L'Amour pour principe, et l'Ordre pour base;
le Progrès pour but.**

Ordre et Progrès.   Vivre pour autrui.   Vivre au grand jour.

Les vivants sont toujours, et de plus en plus, gouvernés
nécessairement par les morts.
L'homme devient de plus en plus religieux.
La soumission est la base du perfectionnement.
Famille -- Patrie -- Humanité.

Résumé synthétique actuel : UTOPIE DE LA VIERGE-MÈRE.
Résumé pratique : L'HOMME DOIT NOURRIR LA FEMME.

Paris, c'est la France, l'Occident, la Terre.

(AUGUSTE COMTE.)

A mesure que s'installe la religion dont la Postérité t'attribuera (à CLOTILDE) la fondation autant qu'à moi, je sens combien tu serais maintenant précieuse au positivisme, où le besoin d'une digne plume féminine devient aujourd'hui prépondérant... Tu fus, à ton insu, comme je le dis chaque Mardi, la femme la plus éminente, de cœur, d'esprit, et même de caractère, que l'histoire universelle m'ait jusqu'ici présentée. L'avenir me paraît difficilement susceptible d'un meilleur type. (Auguste COMTE. Testament. *Dernière Confession*, p. 239.)

Il s'agit surtout, au fond, d'incorporer intimement au positivisme, avec des améliorations radicales, tout ce que le système catholique du moyenâge a pu réaliser, ou même ébaucher, de grand ou de tendre. (Auguste COMTE, *Correspondance*, p. 296.)

... En attribuant au mot *catholicisme* son acception étymologique, qui ne convient qu'au positivisme, on peut réduire la révolution occidentale à remplacer le catholicisme de Rome par celui de Paris, quand la métropole humaine sera seulement spirituelle.

Cette sainte cité ne saurait même devenir le centre religieux du territoire français, tant qu'elle ne se trouvera point purifiée convenablement de sa domination temporelle qui ferait alors redouter une confusion oppressive entre les deux pouvoirs. (*Pol. Pos.*, IV, p. 468.)

Aux yeux du sacerdoce de l'Humanité, tous les hommes sont, surtout aujourd'hui, des positivistes spontanés à divers degrés d'évolution, qui n'ont jamais besoin que d'être complétés. (*Ibidem*, p. 377.)

N'ayant pu jusqu'ici trouver de successeur, ni même aucun collègue, je déclare que, si je disparaissais avant d'y parvenir, le positivisme se développerait mieux d'après les libres efforts de mes dignes disciples, que sous un chef insuffisant. (*Ibidem*, p. 542.)

En terminant ma huitième circulaire, je dois spécialement déclarer que la lenteur des progrès sociaux du positivisme est plus imputable aux positivistes eux-mêmes qu'au public occidental et surtout qu'aux gouvernements actuels, principalement chez le peuple central. (Auguste COMTE. *Huitième circulaire*, 1857.)

Tandis que Saint Paul et Mahomet, au milieu des luttes acharnées, obtinrent des dévouements complets, je puis, sans attaque extérieure, être, à chaque instant, abandonné de tous les miens, d'après les habitudes dues à leur négativisme primitif. (Auguste COMTE. *Testament*, p. 28.)

... Je ne puis reconnaître *pour mes vrais disciples* que ceux qui, renonçant à fonder eux-mêmes une synthèse, regardent celle que j'ai construite comme essentiellement suffisante et radicalement préférable à toute autre. Leur devoir est alors de la propager et de l'appliquer, sans prétendre la critiquer ou même la perfectionner. (Auguste COMTE. *Lettres à Henry Dix Hutton*, p. 72-73.)

RELIGION DE L'HUMANITÉ

Fondée par Auguste COMTE sous l'inspiration de CLOTILDE

L'Amour pour principe, et l'Ordre pour base;
Le Progrès pour but.

Ordre et Progrès.   Vivre pour autrui.   Vivre au grand jour.

APOSTOLAT POSITIVISTE

La propagande positiviste à Paris, d'après la consécration de la Maison où est morte CLOTILDE, au culte de l'HUMANITÉ.

INAUGURATION

DE LA

CHAPELLE DE L'HUMANITÉ

qui a été installée à Paris, dans la Maison de la

RUE PAYENNE n. 5

(près l'Église St. Paul-St. Louis, rue St. Antoine.)

Paroles prononcées, à cette occasion,

PAR

R. TEIXEIRA MENDES.

... la religion dont la Postérité t'attribuera (à CLOTILDE) la fondation autant qu'à moi.
AUGUSTE COMTE. Testament. *Dernière Confession*, p. 239.

Paris, c'est la France, l'Occident, la Terre.
AUGUSTE COMTE.

RIO DE JANEIRO

Dante 51 de l'ère normale, Juillet 1905

CXVIIᵉ année de la Grande Crise Occidentale
nommée
Révolution Française
LXIᵉ année du Positivisme Religieux.

AVIS AU LECTEUR

Nous publions aujourd'hui l'allocution prononcée à l'inauguration de la Chapelle de l'Humanité qui a été installée à Paris, dans la Maison de la rue Payenne nº 5, où est morte CLOTILDE. Cette modeste cérémonie eut lieu le Vendredi 13 Saint-Paul 51/117 (2 Juin 1905) et fut annoncée par l'adresse suivante, affichée, Mercredi matin, aux environs de la Bastille, de l'Église Saint-Denis du Saint Sacrement (rue Turenne), de l'Église Saint Paul-Saint Louis (rue Saint Antoine), de l'Hôtel de Ville, de l'Église Notre Dame, du Panthéon, de la Maison de notre Maître (rue Monsieur le Prince 10), aux grands Boulevards, à la rue Pavée, à la rue Barbette, et à la rue Payenne :

RELIGION DE L'HUMANITÉ

Fondée par AUGUSTE COMTE sous l'inspiration de CLOTILDE

L'AMOUR POUR PRINCIPE, ET L'ORDRE POUR BASE ;
LE PROGRÈS POUR BUT.

Ordre et Progrès.   *Vivre pour autrui.*   *Vivre au grand jour.*

L'homme devient de plus en plus religieux.
La soumission est la base du perfectionnement.
Famille — Patrie — Humanité.

Résumé synthétique actuel : UTOPIE DE LA VIERGE-MÈRE.
Résumé pratique : L'HOMME DOIT NOURRIR LA FEMME.

Paris, c'est la France, l'Occident, la Terre.

(AUGUSTE COMTE.)

Vendredi prochain, le 13 St. Paul 51/117 (2 Juin 1905), à 2 h. 1/2 de l'après-midi très précises, aura lieu l'inauguration de la

CHAPELLE DE L'HUMANITÉ

qui vient d'être installée à la Maison de la

RUE PAYENNE Nº 5,

(près l'Église St. Paul-St. Louis, rue St. Antoine)

où est morte CLOTILDE, la tendre et immaculée Inspiratrice d'AUGUSTE COMTE, Fondateur de la Religion universelle et premier Grand-Prêtre de l'Humanité.

Ce modeste sanctuaire est destiné, en répondant aux enseignements et aux vœux de notre Maître, à placer, dans cette très-sainte Métropole, le Positivisme à la portée de tous, spécialement des âmes prolétaires, surtout féminines.

Après la lecture de la LETTRE PHILOSOPHIQUE SUR LA COMMÉMORATION SOCIALE, où se trouvent les *premiers germes distincts et directs de la Religion de l'Humanité*, sera présenté un aperçu de l'ensemble de l'œuvre et de la vie d'AUGUSTE COMTE et de CLOTILDE. Et, pour clore cette fraternelle solennité, on distribuera quelques roses et quelques exemplaires d'un petit recueil des écrits les plus touchants des Fondateurs du Positivisme, et qui permettent à toute femme, comme à tout homme de cœur, de saisir le caractère moral et social, en un mot religieux, de l'œuvre de notre Maître.

Paris (Boul. St. Michel, 31), le 7 St. Paul 51/117 (27 Mai 1905.)

R. TEIXEIRA MENDES,

Vice-directeur de l'Église et de l'Apostolat Positiviste du Brésil, et, à ce moment, légat positiviste occidental auprès de la très-sainte Ville de Paris.

Cette communication a été aussi envoyée à tous les évêques de France, et aux membres du gouvernement français.

Rio, (Rue Benjamin Constant, 42) le 19 Charlemagne 117 (6 Juillet 1905).

R. TEIXEIRA MENDES.

Né à Caxias (Maranhão, Brésil), le 5 Janvier 1855.

INVOCATION

AU NOM DE L'HUMANITÉ,

*L'Amour pour principe, et l'Ordre pour base;
le Progrès pour but.*

(DANTE ET THOMAS À KEMPIS)

Vergine Madre, Figlia del tuo figlio!

. . . .

Donna, sei tanto grande, e tanto vali,
    Che qual vuol grazia, ed a te non ricorre,
    Sua disianza vuol volar senz'ali.
La tua benignità non pur soccorre
    A chi dimanda, ma molte fiate
    Liberamente al dimandar precorre.
In te misericordia, in te pietate,
    In te magnificenza, in te s'aduna
    Quantunque in creatura è di bontate.

Vergine Madre, Figlia del tuo figlio!
Amem te plus quam me, nec me nisi propter te.

Comte!
    Tu Duca, tu Signore, e tu Maestro!
    Io ti vo dietro.

O Vierge-Mère, Fille de ton fils, tu es si grande et si
puissante, que celui qui souhaite une grâce et ne s'adresse
pas à toi, veut que son désir vole sans ailes. Ta bonté ne
vient pas seulement en aide à ceux qui demandent, mais

8

souvent elle devance les vœux avec libéralité. En toi, est la miséricorde, en toi la pitié, en toi la magnificence, en toi se réunit tout ce qu'il y a de bonté dans la créature.

O Vierge-Mère, Fille de ton fils, que je t'aime plus que moi-même, et que je ne m'aime que pour l'amour de toi.

Comte!

Tu est mon Guide, tu es mon Seigneur, tu es mon Maître.

Je te suis.

———

Note. — Cette invocation et l'allocution qui la suivit ont été lues debout à gauche de la chaire, en nous conformant aux prescriptions de notre Maître ci-dessous indiquées:

« ... En attendant, nous sommes assez pourvus de devises décisives, et même de signes caractéristiques. Vous connaissez celui qui consiste à réciter notre formule fondamentale (*L'Amour pour principe, et l'Ordre pour base; le Progrès pour but*), en posant successivement la main droite sur les trois organes cérébraux qui correspondent à l'amour, à l'ordre, au progrès; tandis que la main gauche placée sur le cœur indique qu'il faut du sang pour tout cela. Quant à des indices extérieurs et permanents, ils peuvent doublement dériver du drapeau positiviste, décrit au discours préliminaire de mon principal ouvrage. D'abord, tous les positivistes peuvent, quand ils le jugent opportun, porter au milieu du bras le ruban vert dont j'entoure le mien dans mes fonctions sacerdotales, pourvu qu'ils le placent au bras gauche*, en réservant aux prêtres le bras droit, ce qui prévient assez la confusion. » (*Lettre à Edger*, ps. 31-32.)

* C'est ce que nous avons fait à cette occasion.

COMMÉMORATION

PRÉAMBULE

Mesdames et Messieurs,
Très vénérées sœurs et très chers frères en l'Humanité,

> Paris, c'est la France, l'Occident, la Terre.
> (Auguste COMTE.—*Lettres.*)

> Le positivisme religieux commença réelle-
> ment, dans notre précieuse entrevue initiale
> du Vendredi 16 Mai 1845, quand mon cœur
> proclama inopinément, devant ta famille émer-
> veillée, la sentence caractéristique (*on ne peut
> pas toujours penser, mais on peut toujours aimer*)
> qui, complétée, devint la divise spéciale de
> notre grande composition.
> (Auguste COMTE. TESTAMENT, 6ᵃ *Con-
> fession*, p. 146.)

Nous voici dans une Chapelle de l'Humanité. Et le
vide même de cette chaire suffit pour nous rappeler l'ensemble de douloureuses fatalités qui nous accablent à ce moment. Elles seules ont fait échoir à un humble apôtre, qui
ne peut guère invoquer que son ardent désir d'être un
disciple fidèle, la mission de vous en ouvrir l'accès. Nous
implorons donc toute votre indulgence pour le peu de
mots que nous devons vous adresser, au nom d'une poignée
de positivistes occidentaux, afin de caractériser la destination actuelle de ce trop modeste monument. Il n'est qu'un
résumé cultuel de la Religion universelle et de la vie de
nos bien-aimés Parents spirituels, ses glorieux Fondateurs.
Pour l'ériger, il a fallu que la piété de dames, d'artistes,
de chefs industriels, et de prolétaires systématiquement

affiliés à cette Religion fut puissamment aidée par le concours bienveillant d'artistes, de chefs industriels, et de prolétaires occidentaux, surtout parisiens, qui lui sont étrangers. Mais, pour bien apprécier cette fraternelle coopération, il faut se rappeler ces paroles de notre Maître: « Aux yeux du sacerdoce de l'Humanité, tous les hommes sont, surtout aujourd'hui, des positivistes spontanés à divers degrés d'évolution, qui n'ont jamais besoin que d'être complétés. » (POLITIQUE POSITIVE, IV, p. 377.)

Nous avons espéré ainsi, en répondant aux enseignements et aux vœux de notre Maître, placer, dans cette très-sainte Métropole, la Religion de l'Humanité et la vie de ses Fondateurs à la portée de tous les *riches de cœur*, spécialement des âmes prolétaires, surtout féminines. En effet, la contemplation de ce sanctuaire suffit, à elle-seule, pour éveiller, chez ceux qui ne connaissent nullement l'œuvre de Clotilde et d'Auguste Comte, ou qui ne la connaissent qu'imparfaitement, le désir d'en acquérir une idée exacte. Et, quant à ceux qui ont déjà l'inestimable bonheur d'être des positivistes fidèles, ce sera pour eux un lieu de pèlerinage, dont la pensée permettra de retremper leur amour, leur foi, et leur espérance.

D'après cette intention, nous pourrions nous abstenir de rien ajouter aux images vénérées ou adorées et aux signes sacrés qui nous entourent. Mais, puisque vous avez eu la bienveillance d'accueillir notre fraternelle invitation, nous vous prions de consentir à ce que nous vous entretenions un instant sur l'œuvre et les vies que ce monument idéalise.

COMMÉMORATION SPÉCIALE

A cet effet, nous commencerons en signalant la portée de la date choisie pour cette modeste célébration. « Le Positivisme religieux commença réellement,—dit notre

Maître, dans sa *5.ème Confession*,—dans notre précieuse entrevue initiale du Vandredi 16 Mai 1845, quand mon cœur proclama inopinément, devant ta famille émerveillée, la sentence caractéristique (*on ne peut pas toujours penser, mais on peut toujours aimer*) qui, complétée, devint la divise spéciale de notre grande composition. »(TESTAMÉNT, p. 148.) Mais, c'est dans la *Lettre philosophique sur la commémoration sociale*, qu'il envoya, le 2 Juin suivant, à sa tendre et immaculée Inspiratrice, qui se trouvent « les premiers germes distincts et directs de la Religion de l'Humanité. » (POLITIQUE POSITIVE, Tome I, Complément de la dédicace. p. XXII.) Nous allons donc en faire la lecture, pour rappeler à nos cœurs et à nos esprits comment « ces premiers germes d'une immense synthèse morale et sociale surgirent spontanément d'une pure effusion privée. » (*Ibidem.*)

LETTRE PHILOSOPHIQUE SUR LA COMMÉMORATION SOCIALE,

Composée pour Madame Clotilde de Vaux, au sujet de sa fête, par l'auteur du *Système de philosophie positive*.

Paris, le Lundi 2 Juin 1845.

MADAME,

J'attache beaucoup d'importance à passer auprès de vous pour aussi pleinement affranchi de tous préjugés irreligieux ou métaphysiques que des préjugés purement théologiques, comme je le suis en réalité depuis très-long-temps. M'étant aperçu récemment que vous conserviez à cet égard quelques doutes essentiels, je me réservai secrètement la faculté de les dissiper bientôt, grâce au prochain retour d'une heureuse occasion périodique. On fête demain Sainte Clotilde, votre patronne. Permettez donc, Madame, que, autorisé par un touchant usage universel, je me joigne aujourd'hui à votre famille pour vous offrir, à ma manière, un témoignage spécial d'affectueux souvenir. D'après les réflexions générales que cette précieuse circonstance va me conduire à vous indiquer sommairement, vous concevrez, j'espère, de plus justes idées sur le caractère éminemment social d'une philosophie qui, depuis quelque temps, a beaucoup retenti autour de vous, sans que peut-être vous l'ayez encore directement examinée.

L'instinct de la sociabilité, ou le sentiment habituel de la liaison de chacun à tous, serait très imparfaitement développé si cette relation se bornait au présent, comme chez les animaux sociables, sans embrasser aussi le passé et même l'avenir. La société humaine est surtout caractérisée par la coopération continue des générations successives, première source de l'évolution propre à notre espèce. Ainsi, tous les états sociaux ont dû présenter, chacun à sa manière, certaines institutions permanentes, d'abord spontanées, puis de plus en plus systématiques, spécialement destinées à manifester une telle connexité, en constituant la chaîne des temps par la vénération régulière des ancêtres privés et publics. L'antiquité offrit, à cet égard, de puissantes ressources, appropriées à la nature de ses opinions et au caractère de sa civilisation. Ce culte des souvenirs y fut souvent exalté jusqu'à l'apothéose proprement dite, qu'il serait fort injuste d'apprécier seulement par les monstrueux abus propres à la décadence du paganisme. Mais une telle institution ne pouvait être très efficace que pour les premiers âges et envers les castes supérieures, suivant le génie immobile et aristocratique de toutes les sociétés anciennes. Tous les grands départements divins ayant dû être bientôt occupés dans l'organisation initiale du polythéisme, les nouveaux dieux sans portefeuille que multipliait cette reconnaissance officielle pouvaient rarement obtenir une véritable importance, même quand on démembrait à leur profit quelque office antérieur.

En remplaçant, suivant l'esprit de sa doctrine, l'apothéose antique par une simple béatification, le monothéisme, surtout chrétien, a réellement perfectionné beaucoup cette partie essentielle de toute organisation sociale. Quoique cette substitution nécessaire stimulât moins les désirs personnels d'une glorieuse immortalité, elle en propageait davantage l'essor, dès lors indistinctement permis à tous les rangs. Vous savez, par exemple, Madame, que votre noble patronne et son humble contemporaine de Nanterre devinrent, presqu'à la fois, l'objet d'un culte au moins égal. Cette universelle extension du principe de consécration permit ensuite au catholicisme, longtemps organe principal du progrès social, d'introduire, à cet égard, un admirable perfectionnement, en y liant très-heureusement la vie privée à la vie publique. L'institution, trop peu comprise, des noms de baptême offrit, en effet, à chacun, non-seulement le libre choix d'un patronage spécial, mais aussi un noble modèle d'imitation personnelle. Si l'inévitable désuétude des croyances théologiques a dû graduellement éteindre la première destination, rien ne saurait jamais détruire la seconde. Inhérente aux lois de notre nature, elle se reproduira bientôt sous des inspirations à la fois plus systématiques et plus durables, dès qu' une vraie réorganisation des principes et des sentiments humains viendra terminer la déplorable anarchie qui caractérise notre temps.

Cette épître philosophique dégénérerait, Madame, en un traité fort déplacé, si j'y développais davantage les indications précédentes. Mais elles suffisent ici pour que votre rare pénétration puisse entrevoir, en général, comment la philosophie positive justifie pleinement ce culte catholique des saints, en le rapportant à sa vraie destination sociale, alors poursuivie sous des formes propres à l'état correspondant de l'humanité. Ce sera toujours un usage très-social que de célébrer périodiquement la mémoire de nos dignes prédécesseurs, et aussi de prescrire solennellement à chacun de nous l'imitation continue de l'un d'entre eux. Les vrais philosophes déplorent justement, à cet égard comme à tant d'autres, que ces utiles pratiques se trouvent aujourd'hui discréditées d'après leur funeste adhérence à des doctrines qui devaient succomber sous leur incompatibilité finale avec l'essor continu de l'intelligence et de la sociabilité.

Quant au cas individuel que m'a conduit, Madame, à vous signaler ces aperçus généraux, je n'en pouvais souhaiter de plus propre à les confirmer. Aux temps de sa décadence, le christianisme, comme jadis le paganisme, a souvent abusé, quoiqu'à un degré beaucoup moindre, de ce grand office de consécration publique qui lui était dévolu. Mais rien de pareil ne saurait concerner votre antique patronne, qui présente, à tous égards, l'un des meilleurs exemples de la canonisation catholique. L'Église Romaine a justement regardé la conversion de Clovis comme ayant plus influé qu'aucune autre conversion royale, sauf celle de Constantin, sur le développement social de la France, et même de toute la République Occidentale. Or, on ne saurait contester la douce influence exercée par l'aimable Clotilde pour seconder les hautes impulsions politiques qui déterminèrent ce grand événement. Son long et paisible veuvage ne fut pas moins noblement employé à tempérer les sauvages dissensions de ses fils. Une consécration méritée par tant d'éminentes qualités, plutôt morales que mentales, constitue, à mes yeux, l'un des types les plus propres à caractériser l'intervention sociale des femmes, habituellement destinée à moraliser d'après le sentiment la domination spontanée de la force matérielle. Ne soyez donc pas surprise, Madame, que je puisse cordialement m'associer, à ma manière, à tous ceux qui demain célébreront, sous des formes quelconques, cet intéressant souvenir, que personne, l'ose le dire, n'appréciera mieux que moi. Quand la nouvelle école accomplira la révision éclairée et la rectification systématique du calendrier théologique, votre chère patronne y conservera ses justes droits personnels à l'éternelle reconnaissance de l'humanité.

En général, Madame, soyez bien convaincue que la philosophie essentiellement positive qui caractérisera le dix-neuvième siècle ne vient pas pour détruire, comme dut d'abord le faire la philosophie purement négative propre au siècle dernier. Son but consiste toujours à construire, en résultat final de tous les travaux antérieurs, l'ordre, à la fois stable et progressif, le mieux conforme à l'ensemble de notre nature personnelle et sociale. Quand vous connaîtrez assez son esprit relatif et sa tendance organique, vous comprendrez cet admirable privilège qui lui permet, pour la première fois, de combiner, sans aucune inconséquence, dans une seule doctrine homogène, tout ce que les divers états antérieurs ont pu jamais offrir de grand ou d'utile. Elle sépare partout l'office continu qui déterminait la destination fondamentale de chaque institution, d'avec les formes provisoires qui durent successivement correspondre aux différents âges de l'humanité, de manière à manifester toujours le mode final qui désormais prévaudra directement. Seule, en un mot, cette nouvelle philosophie représente réellement la vie collective de notre espèce, dont la marche nécessaire constitue surtout son sujet propre, que nulle théologie ne put embrasser, et encore moins aucune métaphysique. Les religions, en effet, ne pouvaient jusqu'ici proposer à chacun qu'un but purement personnel, le salut éternel, où la société ne saurait intervenir que comme moyen, et tout au plus comme condition, sans aucune destination progressive qui lui appartienne collectivement. Pendant la longue enfance de l'humanité, la sagesse sacerdotale, heureux organe de l'instinct universel, a dû néamoins retirer de ces constructions imparfaites une précieuse efficacité sociale, que le positivisme explique et circonscrit. Mais cet indispensable office provisoire ne pouvait les préserver toujours de la déchéance irrévocable qu'elles ont graduellement encourue, à mesure que l'évolution humaine ruinait à la fois leur crédit intellectuel et leur influence morale. Les dénominations usuelles, qui rappellent encore cette aptitude primitive à rallier nos idées et nos sentiments, semblent aujourd'hui ne plus convenir aux croyances théologiques que par une sorte d'amère ironie. Car, depuis trois siècles au moins, bien loin de tendre à nous unir, elles ont évidemment dégénéré de plus en plus en sources fécondes de désordres publics et même privés. Cette dégradation résulte d'abord de leur impuissance croissante à protéger les notions sociales qui s'y trouvaient confusément formulées, et ensuite de leur propre tendance à susciter des divagations presque indéfinies, désormais incompatibles avec aucun système fixe de convictions actives.

Ne doutez donc pas, Madame, que, lorsque les conceptions réelles seront enfin devenues assez générales, ce qui s'accomplit aujourd'hui sous vos yeux, elles ne conviennent mieux que des chimères quelconques à toutes les nobles destinations humaines. Pour l'important sujet ébauché dans cette lettre, on reconnaît surtout la tendance spontanée du positivisme à consacrer dignement les diverses gloires, en appréciant sainement leurs participations respectives à l'évolution fondamentale de l'humanité. Quand les mœurs modernes auront pu acquérir à cet égard leur développement propre d'après les principes convenables, le système de commémoration recevra un perfectionnement général au moins équivalent à celui qui résulta de la substitution du catholicisme au polythéisme. Car le régime catholique était à la fois trop absolu et trop étroit pour avoir jamais pu remplir suffisamment ce grand office social. Tout ce qui avait existé avant lui, et tout ce qui vivait hors de son sein, lui inspirait naturellement une aveugle réprobation. Sans sortir même de sa propre enceinte, il n'a pu envelopper les gloires que ne prévoyaient pas ses formules immobiles. N'avez-vous point, par exemple, remarqué avec surprise et indignation l'étrange lacune de nos calendriers théologiques envers l'heroïque vierge qui sauva la France au quinzième siècle?

Mieux vous scruterez ce grand sujet, plus vous reconnaîtrez, Madame, que le nouveau régime philosophique peut seul glorifier à la fois tous les temps, tous les lieux, toutes les conditions sociales, et tous les genres de coopération, soit publics, soit même privés. En consolidant l'actif sentiment de la continuité humaine, il en agrandira la portée et en ennoblira le caractère; car il y comprendra la considération familière de l'avenir, que le régime antérieur ne pouvait embrasser, faute de connaître la loi générale du progrès social. Il popularisera le culte des souvenirs encore davantage que sous le catholicisme, en étendant aux plus humbles coopérateurs le sentiment habituel de la convergence universelle, sans aucune vaine distinction entre l'ordre public et l'ordre privé. Toute existence vraiment honorable pourra légitimement aspirer à quelque consécration solennelle, soit au sein même de la famille, soit dans la cité, la province, la nation, et enfin la race entière.

À tous égards, Madame, quel esprit pourrait être aussi social que celui du vrai positivisme, qui seul embrasse réellement l'ensemble de la vie humaine, individuelle et collective? Les trois modes simultanés de notre existence, penser, aimer, agir, y sont directement combinés, dans toute leur extension possible, par un principe également applicable à l'individu et à l'espèce. Ils y deviennent les sujets respectifs de nos trois grandes créations continues, la philosophie, la poésie, et la politique. La première systématise directement la vie humaine, en établissant, entre toutes nos pensés quelconques, une connexité fondamentale, première base de l'ordre social. Le génie esthétique embellit et ennoblit toute notre existence en idéalisant dignement nos divers sentiments. Enfin, l'art social, dont la morale constitue la principale branche, régit immédiatement tous nos actes, publics ou privés. Telle est l'intime solidarité que représente le positivisme entre les trois grands aspects, spéculatif, sentimental, et actif, propres à la vie humaine. Notre existence y est envisagée, soit dans l'individu, soit dans l'espèce, comme ayant pour but continu le perfectionnement universel, d'abord relatif à notre condition extérieure, et ensuite à notre nature intérieure, physique, intellectuelle, et surtout morale.

Quoique cette épître soit déjà bien longue, je voudrais, Madame, ne pas la terminer sans vous y signaler l'attrait spécial que la nouvelle philosophie doit offrir à votre sexe, quand elle en sera mieux connue.

Écartant une stérile agitation politique, l'école positive vient aujourd'hui placer au principal ordre du jour la réorganisation spirituelle. Désormais elle fera prévaloir la régénération directe des opinions et des mœurs sur celle des institutions proprement dites, qui ne peuvent être convenablement élaborées qu'en dernier lieu. Or cette transformation radicale des vains débats actuels serait assurément très-favorable à l'influence sociale des femmes, suivant les vraies lois de leur nature propre et de l'ordre universel. L'intervention féminine, si noblement surgie au moyen âge, sous le spiritualisme catholique, semble presque s'être éteinte avec lui. Or les insurrections personnelles que notre temps suscite contre une économie vraiment fondamentale sont peu propres à ranimer cette indispensable influence, que maintenant le spiritualisme positif peut seule développer convenablement. Loin que les prédilections spéciales de votre sexe dussent vainement se rattacher au passé, elles ne devraient y voir qu'une sorte d'indice historique de la participation supérieure que lui réserve nécessairement le véritable avenir social. Car, suivant la marche invariable du progrès humain, les influences morales tendent de plus en plus à prévaloir sur les puissances matérielles. Une telle connexité excita toujours les sympathies féminines pour les diverses rénovations mentales de l'humanité. Elle s'est, à vrai dire, manifestée déjà lors de la première apparition systématique de la philosophie positive, sous la grande impulsion de Descartes, qui trouva tant d'accueil chez votre sexe. Les dames du XIXe siècle ne sauraient, à cet égard, rester au dessous de leurs devancières, quand cette philosophie, qui ne pouvait alors être aucunement sociale, parvient enfin à sa pleine maturité. Son principal domaine consiste désormais dans les sujets qui, par leur nature, fourniront toujours l'aliment essentiel des sentimen' le votre sexe et des pensées du nôtre.

Une organisation éminemment affective dispose habituellement les femmes à seconder l'influence morale de la force spéculative sur la puissance active dans l'antagonisme journalier qui dirige les affaires humaines. Leur propre position sociale, extérieure sans être indifférente, au milieu du mouvement pratique, les érige spontanément en intimes auxiliaires de tout pouvoir spirituel contre le pouvoir temporel correspondant. Or le nouveau régime moral vers lequel tendent les sociétés modernes développera davantage que l'ancien cette affinité naturelle. Comment votre sexe ne finirait-il point par préférer une doctrine qui fera nécessairement prévaloir l'adoration des femmes? L'admirable chevalerie du moyen âge, comprimée sous les croyances théologiques, n'avait jamais pu élever ce culte qu'au second rang. Quand la sociabilité moderne aura pris son vrai caractère, le genou de l'homme ne fléchira plus que devant la femme.

Votre esprit et votre cœur excuseront, j'espère, l'extension de ces diverses indications générales en faveur de leur importance. Elles atteindront du moins leur but principal en vous dispensant, Madame, de recourir à d'immenses traités pour mieux apprécier désormais la nouvelle école, à la fois philosophique et sociale. Quoique réellement émanée de la révolution française, vous voyez qu'elle diffère profondément de toutes les écoles purement révolutionnaires. Celles-ci tendent encore à détruire sans construire, quand le déblai préalable est depuis longtemps assez accompli. Mieux qu'aucune influence métaphysique, la doctrine positive s'oppose radicalement à toute rétrogradation théologique. Or elle ne poursuit jamais cette lutte accessoire qu'en satisfaisant davantage que le régime primitif à tous les besoins, intellectuels et sociaux, qui motivèrent son ascendant, dont elle explique également l'origine et le déclin.

Le souvenir de votre douce patronne me deviendra désormais plus cher. Il m'aura ainsi fourni une précieuse occasion de vous faire sentir l'aptitude morale du positivisme. Vous voyez que, sans aucun vain éclectisme, ce nouveau régime universel s'approprie naturellement tout ce que les autres états de l'humanité offrirent jamais de noble ou de salutaire. Mais il en écarte sagement des formes passagères qui, d'abord indispensables aux fondations correspondantes, altérèrent ensuite leur efficacité sociale, que l'école nouvelle tend toujours à consolider et à perfectionner.

Daignez, Madame, agréer avec bonté les vœux sincères que ce jour rappelle plus vivement à

votre respecteux ami,

AUGUSTE COMTE.

COMMÉMORATION GÉNÉRALE

Assistons maintenant à la merveilleuse et touchante évolution de ces germes sublimes.

Le problème moderne, tel qu'il a été irrévocablement posé par l'éclatante *Crise occidentale* de 1789, d'après l'ensemble du Passé humain, consiste dans l'avènement de la Religion universelle, succédant enfin à toutes les synthèses locales et partielles, qui durent l'annoncer en la préparant de plus en plus. Mais là, il faut que nous nous arrêtions un instant, pour dissiper les préjugés théologiques et révolutionnaires que ce mot *Religion* soulève, malheureusement, encore.

« Ce nom n'offre en effet, dit Auguste Comte, d'après son étymologie, aucune solidarité nécessaire avec les opinions quelconques qu'on peut employer pour atteindre le but qu'il désigne. En lui-même, il indique l'état de complète *unité* qui distingue notre existence, à la fois personnelle et sociale, quand toutes ses parties, tant morales que physiques, convergent habituellement vers une destination commune. Ainsi, ce terme équivaudrait au mot *synthèse*, si celui-ci n'était point, non d'après sa propre structure, mais suivant un usage presque universel, limité maintenant au seul domaine de l'esprit, tandis que l'autre comprend l'ensemble des attributs humains. La religion consiste donc à *régler* chaque nature individuelle et à *rallier* toutes les individualités; ce qui constitue seulement deux cas distincts d'un problème unique. Car, tout homme diffère successivement de lui-même autant qu'il diffère simultanément des autres; en sorte que la fixité et la communauté suivent des lois identiques.

« Une telle harmonie, individuelle ou collective, ne pouvant jamais être pleinement réalisée dans une existence aussi compliquée que la nôtre, cette définition de la religion

caractérise donc le type immuable vers lequel tend de plus
en plus l'ensemble des efforts humains. Notre bonheur et
notre mérite consistent surtout à nous rapprocher autant
que possible de cette unité, dont l'essor graduel constitue
la meilleure mesure du vrai perfectionnement, personnel
ou social. Plus se développent les divers attributs humains,
plus leur concours habituel acquiert d'importance ; mais il
deviendrait aussi plus difficile, si cette évolution ne tendait
pas spontanément à nous rendre plus disciplinables...

« Le prix qu'on attacha toujours à cet état synthétique
dut concentrer l'attention sur la manière de l'instituer.
On fut ainsi conduit, en prenant le moyen pour le but, à
transporter le nom de *religion* au système quelconque des
opinions correspondantes. Mais, quelque inconciliables
que semblent d'abord ces nombreuses croyances, le positivisme les combine essentiellement, en rapportant chacune
à sa destination temporaire et locale. Il n'existe, au fond,
qu'une seule religion, à la fois universelle et définitive,
vers laquelle tendirent de plus en plus les synthèses partielles et provisoires, autant que le comportaient les situa-
tions correspondantes. À ces divers efforts empiriques
succède maintenant le développement systématique de
l'unité humaine, dont la constitution directe et complète
est enfin devenue possible d'après l'ensemble de nos préparations spontanées. C'est ainsi que le Positivisme dissipe
naturellement l'antagonisme mutuel des différentes religions antérieures, en formant son propre domaine du fond
commun auquel toutes se rapportèrent instinctivement.
Sa doctrine ne pourrait pas devenir universelle, si, malgré
ses principes anti-théologiques, son esprit relatif ne lui
procurait nécessairement des affinités essentielles avec
chaque croyance capable de diriger passagèrement une
portion quelconque de l'Humanité. » (CATÉCHISME POSI-
TIVISTE, Ed. Jorge Lagarrigue, avec notes de Miguel
Lemos, ps. 40 à 42.)

Nous rappellerons que notre Maître n'a rendu usuel ce nom pour désigner le Positivisme, « qu'après avoir vu la qualification de religion positive spontanément employée par d'éminents prolétaires. » (POLITIQUE POSITIVE, Tome IV, *Préface*, p. XIII.)

Venant ensuite à l'appréciation des conditions générales de la religion, notre Maître ajoute :

« Cette appréciation résulte d'un examen approfondi du mot *religion*, le mieux composé peut-être de tous les termes humains. Il est construit de manière à caractériser une double liaison, dont la juste notion suffit pour résumer toute la théorie abstraite de notre unité. Afin de constituer une harmonie complète et durable, il faut, en effet, *lier* le dedans par l'amour et le *relier* au dehors par la foi. Telles sont, en général, les participations nécessaires du cœur et de l'esprit envers l'état synthétique, individuel ou collectif.

« L'unité suppose, avant tout, un sentiment auquel nos divers penchants puissent se subordonner. Car, nos actions et nos pensées étant toujours dirigées par nos affections, l'harmonie humaine deviendrait impossible, si celles-ci n'étaient point coordonnées sous un instinct prépondérant.

« Mais cette condition intérieure de l'unité ne suffirait pas si l'intelligence ne nous faisait reconnaître, au dehors, une puissance supérieure, à laquelle notre existence doive toujours se soumettre, même en la modifiant. C'est afin de mieux subir ce suprême empire que notre harmonie morale, individuelle ou collective, devient surtout indispensable. Réciproquement, cette prépondérance du dehors tend à régler le dedans, en favorisant l'ascendant de l'instinct le plus conciliable avec une telle nécessité. Ainsi, les deux conditions générales de la religion sont naturellement connexes, surtout quand l'ordre extérieur peut devenir l'objet du sentiment intérieur. » (*Ibidem*. p. 44-45.)

24

C'est ce que le Positivisme est enfin parvenu à réaliser en rapportant toutes nos affections, toutes nos pensées, et toutes nos actions au Grand-Être dont la conception systématique a été l'aboutissant de l'évolution sociale propre à notre Espèce.

« En effet, l'appréciation finale de l'ordre humain, individuel et collectif, dit notre Maître, condense l'ensemble des conceptions positives dans la seule notion d'un être immense et éternel, l'Humanité, dont les destinées sociologiques se développent toujours sous la prépondérance nécessaire des fatalités biologiques et cosmologiques. Autour de ce vrai Grand-Être, moteur immédiat de chaque existence individuelle ou collective, nos affections se concentrent aussi spontanément que nos pensées et nos actions. Sa seule idée inspire directement la formule du positivisme: *l'Amour pour principe, et l'Ordre pour base; le Progrès pour but.* Toujours fondée sur un libre concours de volontés indépendantes, son existence composée, que toute discorde tend à dissoudre, consacre aussitôt la prépondérance continue du cœur sur l'esprit comme l'unique base de notre véritable unité. C'est ainsi que l'ordre universel se résume désormais dans l'être qui l'étudie et le perfectionne sans cesse. La lutte croissante de l'Humanité contre l'ensemble des fatalités qui la dominent présente, au cœur comme à l'esprit, un meilleur spectacle que la toute-puissance, nécessairement capricieuse, de son précurseur théologique. Mieux accessible à nos sentiments comme à nos conceptions, d'après une identité de nature qui n'empêche point sa supériorité sur tous ses serviteurs, un tel Être-Suprême excite profondément une activité destinée à le conserver et à l'améliorer. » (*Ibidem*, p. 54-55.)

C'est au premier anniversaire funèbre de sa noble et tendre Inspiratrice, le 4 Avril 1847, à genoux auprès de son *Autel*, que notre Maître vit enfin surgir ce sublime résumé de ses méditations. Et il faut rappeler le passage de ses *Confessions* où se trouve signalée la première proclamation solennelle qu'il en fit.

« ... Rien ne pouvait mieux toucher à la fois mon cœur et mon esprit, dit-il, que cette unanimité spontanée qui, pendant la séance finale (de son cours d'histoire de l'Humanité), accueillit si profondément ma formule décisive sur la concentration totale du positivisme dans la conception, mentale et sociale, de l'Humanité, DONT LA FEMME CONSTITUE NATURELLEMENT L'IMAGE FAMILIÈRE: *à ce seul véritable Grand-Être, dont nous sommes solemment les membres nécessaires, se rapporteront toujours nos contemplations pour le connaître, nos affections pour l'aimer, et nos actions pour le servir..* » (TESTAMENT, p. 124.)

Mais, pour bien saisir la portée religieuse de ce nouvel idéal, il faut ne pas oublier, comme notre Maître vient de le rappeler, que l'Humanité ne peut être ni aimée, ni conçue ni servie en dehors de la Terre. C'est par ce siège, à la fois bienveillant et actif quoique aveugle, que notre humble Déesse se rattache objectivement à l'ensemble du Monde dont le Soleil est le centre. En systématisant les tendances de l'enfance individuelle et collective, ainsi que les inspirations des plus sublimes poètes, notre Maître l'a érigée en Grand-Fétiche des cœurs autant émancipés des illusions théologiques que des phantaisies métaphysiques ou scientifiques. C'est de ce Grand-Fétiche que l'Humanité retire continuellement les éléments de sa propre substance, de même que c'est à lui que reviennent ces éléments lorsqu'ils ont séjourné chez elle, pendant un certain temps, d'après l'activité vitale. Enfin, le Monde solaire lie subjectivement l'Humanité à l'Espace, le Grand-Milieu spontanément imaginé par l'enfance individuelle et collective pour être le siège bienveillant, quoique passif et aveugle, des constructions abstraites par lesquelles l'Humanité a représenté les conditions fondamentales de son

26

existence, depuis les dieux provisoires et locaux, jusqu'aux lois naturelles que définissent le Destin Suprême et les Fatalités subalternes. Dès son avènement, le Ciel y sépara idéalement à jamais le domaine de ces *lois* naturelles et la région des *mystères* impénétrables.

Ainsi, Humanité, Terre, Espace, — Grand-Être, Grand-Fétiche, Grand-Milieu, — voilà l'éternelle trilogie qui s'offre toujours et partout, spontanément et systématiquement, à l'Humanité et à ces enfants; c'est là que se sont concentrées, partout et toujours, les affections, les pensées, les actions, et les projets humains. Mais l'histoire de la Terre et de l'Espace n'est que le fond de l'histoire même de l'Humanité, qui devient ainsi le seul centre de notre cœur et de notre esprit.

Après avoir rappelé succinctement la solution définitive du problème humain, nous sommes naturellement portés à présenter un tableau sommaire de la prodigieuse évolution qui l'a seule rendue possible. Avant Auguste Comte, l'ensemble de cette évolution n'offrait que le spectacle du plus effrayant chaos. Mais, d'après sa fondation de la *Sociologie* scientifique, notre Maître parvint à montrer que la vie de l'Humanité offrait la plus admirable continuité, assez définie par ces formules: *le Progrès est le développement de l'Ordre; l'homme devient de plus en plus religieux; les vivants sont toujours, et de plus en plus, gouvernés nécessairement par les morts; l'homme s'agite et l'Humanité le mène.*

Pour bien concevoir cette immense ascension vers le règne de l'amour universel, il convient d'abord de remarquer que la vie de l'Humanité se partage en deux phases successives. La première, déjà essentiellement accomplie, c'est la *phase préparatoire,* où prédomine l'aspect des *sacrifices* faits par l'Humanité pour se procurer les éléments indispensables à l'expansion normale de l'altruisme. Elle finit à l'*avènement spontané* de la Religion de l'Humanité, le Vendredi 10 Mai 1845. La seconde phase est la *phase. normale* ou définitive, où se réalise systématiquement l'existence caractérisée par notre formule sacrée (*l'Amour pour principe, et l'Ordre pour base; le Progrès pour but*), d'après la substitution de l'Industrie et de la science à la guerre et au théologisme, grâce à l'ascendant direct de l'Altruisme. Dans cette seconde phase, les souffrances constituent des accidents de plus en plus exceptionnels, ayant un caractère de plus en plus individuel.

Dans la première phase, celle des sacrifices, c'est-à-dire des conquêtes civilisatrices accomplies au milieu des plus cruels tourments, il convient de distinguer deux périodes successives. La période inaugurale constitue une évolution où tous les aspects de la nature humaine se sont développés synthétiquement sous l'ascendant spontané de l'amour. Initiée par le Fétichisme, cette période va jusqu'à la dissolution des Théocraties. Le but de l'Humanité est alors toujours de développer son bonheur sur la Terre; les tortures sont considérées comme des accidents qu'elle tâche de réparer ou d'éviter. On peut dire que les souffrances sont alors involontaires. Le *calendrier abstrait*, où notre Maître a idéalisé la sociabilité finale, concrétise cette période, quant au Fétichisme, dans les fêtes: des *Animaux*, du *Feu*, du *Soleil*, et du *Fer*. Les deux premières signalent le fétichisme spontané, d'abord *nomade*, puis *sédentaire*; les deux dernières rappellent le fétichisme systématique, d'abord *sacerdotal*, puis *militaire*. Quant à la Théocratie y est représentée par la *fête des Castes*.

La seconde période commence à la dissolution théocratique d'où résulta l'*évolution occidentale*, source inévitable de la régénération définitive. Alors les différents aspects de la nature humaine se développent *analytiquement*, c'est-à-dire *révolutionnairement*, les uns au dépens des autres. La notion du *sacrifice volontaire* devient de plus en plus systématique, depuis la légende grecque de

Prométhée, martyrisé à cause de son dévouement aux hommes sur la Terre, jusqu'à la fiction catholique de Dieu se partageant en trois, afin de s'humaniser, soit pour ouvrir aux hommes les portes du Ciel, soit pour rester avec eux sur la Terre pendant leur pèlerinage en ce Monde.

Il convient de distinguer ainsi, dans cette seconde période, trois mouvements successifs, respectivement constitués par l'évolution grecque, la civilisation romaine, et le régime catholico-féodal. Dans l'évolution grecque, il faut remarquer essentiellement une phase esthétique condensée chez les Poètes:—Homère, Eschyle, Phidias;—une phase théorique résumée par les Philosophes:—Thalès, Pythagore, Aristote, — continués par les Savants: — Hippocrate, Archimède, Apollonius, Hipparque. — La bataille de Salamine, personnifiée dans Thémistocle, complété par Alexandre, caractérise l'effort directement collectif de cette évolution, et forme le préambule de l'évolution sociale propre aux romains. Dans son ensemble, le peuple grec doit être envisagé comme une population sacrifiée à l'essor intellectuel de l'Humanité. Le polythéisme social se résume en Scipion, César, Trajan, et marque l'entier développement de la conquête. Grâce à cette destination, la guerre conduit irrévocablement à poser le problème de la paix universelle.

Mais, la solution de ce problème demanda une dernière préparation, dont la gloire revint au régime catholico-féodal, d'après la systématisation du Monothéisme. Cette élaboration exige, donc, qu'on célèbre d'abord le Monothéisme théocratique ou juif, personnifié dans Abraham, Moïse, Salomon. Pour faire voir la vraie nature de cette glorification, nous allons rappeler le passage suivant de la POLITIQUE POSITIVE (Tome III, ps. 407-408):

« L'accomplissement spontané des conditions spéciales imposées à l'avénement catholique par l'ensemble de la situation romaine se trouva secondé d'après deux influences, l'une collective, l'autre individuelle, assez importantes pour mériter ici d'être sommairement caractérisées.

« Quant à la première, j'en indiquai la source au troisième chapitre, où je signalai l'exception monothéique propre à la théocratie juive, incorporée au monde romain sous la dernière phase de l'ascension militaire, mais familière aux Grecs depuis la fondation d'Alexandrie. Les communes aspirations au monothéisme universel y prirent naturellement le caractère d'une extension complète de cette nationalité, qui, plus isolée qu'aucune autre d'après sa foi spéciale, attendait, depuis longtemps, un triomphe absolu, dont l'avénement semblait confirmer ses prophéties. Ces dispositions juives étaient plus aptes que les tendances grecques à seconder la fondation du monothéisme occidental, qui put ainsi lier sa propre révélation à celle du mosaïsme, appuyée sur un majestueux ensemble de souvenirs historiques, et consacrée par des livres déjà divinisés.

« Outre l'avantage de mieux éluder une discussion insurmontable, le catholicisme se trouvait par là dispensé d'élaborer spécialement la concentration du polythéisme, accompli d'avance dans la construction du monothéisme hébraïque. Les livres juifs fourniront toujours, à la philosophie de l'histoire, la meilleure source pour étudier la transformation des dieux en anges; parce que ces nouveaux ministres y conservent une importance qui permet d'y reconnaître d'anciens chefs. Outre cette incorporation décisive, une telle connexité facilita l'élaboration du culte catholique, dont les principales fêtes émanent du mosaïsme, avec l'institution de la semaine, qui, malgré son universalité spontanée, ne fut vraiment complète qu'en Judée. L'ensemble des antécédents hébraïques disposait même à mieux concevoir la séparation monothéique des deux pouvoirs, depuis que les guerriers avaient irrévoca-

blement prévalu sur les prêtres, six siècles après la fondation de cette théocratie exceptionnelle. Car les prophètes
ainsi surgis offraient un type théorique plus conforme à
l'attitude catholique que l'exemple des philosophes grecs,
quoique ceux-ci fussent plus propres à caractériser la physionomie normale du vrai sacerdoce.

« D'après ces diverses indications, la nation juive peut
être historiquement rapprochée de la population grecque,
comme fatalement sacrifiée à l'évolution fondamentale de
l'humanité, l'une en vertu de son monothéisme préma-
turé, l'autre suivant sa vicieuse prépondérance de l'esprit.
Car la précocité monothéique suscita des déviations, intel-
lectuelles et morales, qui restent encore appréciables chez
les membres quelconques de cette corporation exceptionnelle. Mais la dégénération juive fut réellement moins
profonde, et dès lors mieux réparable, que la dégradation
grecque. Toutefois, celle-ci correspondit à des services plus
décisifs, puisque l'ensemble de l'évolution spéculative s'y
rattachera toujours; tandis que celle-là modifia seulement
une transition spéciale, qui pouvait s'accomplir autrement.
Néanmoins, l'assistance hébraïque méritait du catholicisme une gratitude qu'elle n'obtint jamais, et que pourra
seul lui procurer le positivisme, organe systématique de la
reconnaissance du Grand-Être envers ses serviteurs quelconques, individuels ou collectifs. »

Cette citation montre, en même temps, pourquoi
la glorification du monothéisme juif doit suivre la commémoration du polythéisme gréco-romain. En effet, ce
fut seulement après cette dernière évolution qu'un pareil
monothéisme put remplir la mission qui lui réservèrent
les suprêmes destinées de l'Humanité. Mais, pour concevoir maintenant nettement le régime médiéval, dont est
résultée directement l'institution de la Religion définitive,
il faut se représenter le monde romain partagé entre le
Catholicisme et l'Islamisme. Le premier se personnifie

dans Saint-Paul, Charlemagne, Alfred, Hildebrand, Godefroi, Saint-Bernard; tandis que le second se concrétise dans son incomparable fondateur, Mahomet. L'adoration de la Vierge-Mère condense alors les trois monothéismes rivaux, — juif, catholique, et islamique, — sous l'ascendant de l'évolution occidentale.

Bientôt après commence la révolution moderne. À l'issue des deux siècles (XIV⁰ et XV⁰) de dissolution spontanée du régime médiéval, l'Occident se divise entre le Catholicisme et le protestantisme. C'est au sein de l'anarchie résultée de cette fragmentation, et qui signale le comble des sacrifices humains, que s'acheva l'élaboration finale. Dante, Descartes, et Frédéric résument cette transition extrême. Mais les besoins sociolatriques demandent que leur commémoration soit précédée de la célébration de la bataille de Lépante, personnifiée dans D. Juan d'Autriche, *dernière gloire de l'instinct guerrier, et digne complément de Salamine.* (POLITIQUE POSITIVE, Tome IV, p. 145.)

On arrive ainsi à l'état normal, où l'Humanité, ayant acquis la conscience de sa destinée, poursuit son évolution en ne cherchant son bonheur que sur la Terre. Cet état fut directement signalé par l'incomparable explosion française, inaugurant une crise « qui constitue davantage le début de la régénération finale que la conclusion de la vie préparatoire. » (APPEL AUX CONSERVATEURS, p. 117.) Sous cette impulsion sociale eut lieu l'*union* des efforts spontanés que l'Humanité avait condensés chez Auguste Comte et Clotilde. Mais l'institution systématique de la Religion universelle ne s'accomplit que d'après l'expansion de ce lien sans pareil, quand la mort prématurée de notre divine Mère Spirituelle vint rendre sa colaboration purement subjective. À cette double existence finit ainsi essentiellement le martyre de l'Humanité et commença son bonheur éternel. Nous sommes donc amenés à vous rétracer le tableau synoptique de cette œuvre et de ces vies incomparables, qui constituent l'aboutissant de tout le Passé et le début de l'Avenir.

ESSAI D'UN TABLEAU SYNOPTIQUE DE LA VIE ET DE L'ŒUVRE D'AUGUSTE COMTE ET DE CLOTILDE

INTRODUCTION

Conception générale du problème humain et de sa solution définitive.

1.º Théorie générale de la Religion.
2.º Théorie de l'Humanité, de la Terre, et de l'Espace.

ŒUVRE ET VIE D'AUGUSTE COMTE ET DE CLOTILDE

Conception générale de l'accomplissement de la solution du problème humain.

I

PHASE FONDAMENTALE

essentiellement

personnelle

ou

MORALE.

1ère PÉRIODE — SOLITUDE
Janvier 1798 à Octobre 1844.

Position décisive du problème de la régénération sociale d'après les efforts indépendants d'Auguste Comte et de Clotilde, aboutissant, d'un côté, à la fondation systématique de la *Philosophie Positive* par Auguste Comte, et, d'un autre côté, à l'institution spontanée, tant pratique que poétique, de la *Morale Positive* par Clotilde.

2ème PÉRIODE — UNION
Octobre 1844 au 5 Avril 1846.

Fondation du Positivisme religieux : 1.º d'après le nouvel essor du génie d'Auguste Comte, grâce à l'incomparable ébranlement que son cœur dut à l'influence morale de Clotilde lui transmettant l'ensemble de l'évolution féminine spontanément épurée de tout alliage théologique et même métaphysique ; 2.º en vertu de la nouvelle consistance qu'acquirent les inspirations morales de Clotilde, par suite de ses relations avec Auguste Comte.

II

PHASE FINALE

seule définitive

en tant que seule

vraiment

SOCIALE.

3ème PÉRIODE — UNITÉ
5 Avril 1846 au 5 Septembre 1857.

Construction de la Religion de l'Humanité par Auguste Comte, d'après la méditation continue de l'excellence de Clotilde, amenant l'entier épanouissement moral et mental de notre Maître, en vertu de la subordination de plus en plus complète de l'esprit au cœur.

CONCLUSION

Appréciation de la situation actuelle et du triomphe de la Religion de l'Humanité, d'après ce résumé de notre Maître :

« Il s'agit surtout, au fond, d'incorporer intimement au positivisme, avec des améliorations radicales, tout ce que le système catholique du moyen-âge a pu réaliser, ou même ébaucher, de grand ou de tendre. »

« *Paris, c'est la France, l'Occident, la Terre.* »

Voici maintenant les chapitres successifs de ces trois périodes : *

1ᴱᴿᴱ PÉRIODE — SOLITUDE

a) Évolution spontanée d'Auguste Comte.

1ᵉʳ Chapitre. *Conception, enfance, et adolescence d'Auguste Comte (1797-1819)*

1º Milieu social où se trouvait Rosalie Boyer lorsqu'elle devint la Mère d'Auguste Comte. Préparation fondamentale que dut Auguste Comte à l'influence catholique de sa sainte Mère, pendant sa première enfance (1797-1807).

2º Complément indispensable de cette éducation, résulté de sa culture scientifique, principalement due à son Maître de Mathématique, au Lycée de Montpellier, Daniel Encontre, aussi éminent de cœur que d'esprit, et accessoirement aidée par son séjour à l'École Polytechnique. Premier éveil de ses sentiments chevaleresques, manifestés dans l'adoration féminine et dans l'appréciation de l'héroïque défense du peuple espagnol contre l'invasion française (1807-1810).

3º Premiers efforts pour résoudre le problème humain. Dangers et égarements résultés de l'inévitable scepticisme que dut subir le Régénérateur (1816-1819).

2ᵉ Chapitre. *Jeunesse d'Auguste Comte (1819-1826).*

4º Efforts de plus en plus décisifs pour résoudre le problème moderne, amenant enfin la *fondation de la Sociologie* en Avril 1822. Portée de cette fondation; son insuffisance fatale; aggravation des égarements antérieurs due à l'impuissance de cette

* Pour les développements, voir les œuvres de notre Maître; les *Notices biographiques* de ses disciples, Robinet, J. Lonchampt, et G. Audiffrent; les *Notes* de Miguel Lemos à la *Notice biographique* de J. Lonchampt; *Une Visite aux Lieux saints du Positivisme*, et *l'Année sans pareille*, de R. Teixeira Mendes.

fondation pour réparer les suites, tant du scepticisme antérieur, que de l'empirisme moral actuel.

5º Évolution conduisant de la fondation de la Sociologie à la *fondation de la Philosophie Positive*, d'après l'appréciation des conditions propres à la restauration scientifique du *Pouvoir Spirituel* qui doit succéder à la Papauté catholico-féodale, pour que la révolution moderne puisse être close.

3e Chapitre. *Virilité d'Auguste Comte (1826-1838).*

6º Première tentative d'exposition de la *Philosophie Positive*. Crise cérébrale résultée du fatal concours de grandes peines morales avec de violents excès de travail. Dévouement capital de Rosalie Boyer pour sauver son fils, aidée par l'assistance de la malheureuse que celui-ci avait généreusement épousée (1826-1828).

7º Reprise de l'évolution antérieure. Exposition orale de la *Philosophie Positive*. Premier rapprochement systématique du prolétariat parisien, d'après l'institution de son *Cours d'Astronomie populaire* (1828-1830). Début de sa carrière polytechnique (1832).

8º Première ébauche de la *Philosophie Cosmologique* et de la *Philosophie Biologique:* publication des tomes I, II, III du *Système de Philosophie Positive* (1830-1838).

4e Chapitre. *Inauguration de la Maturité d'Auguste Comte (1839-1844).*

9º Première ébauche de la *Philosophie Sociologique:* publication des tomes IV, V, VI du *Système de Philosophie Positive.* Persécution pédantocratique. Isolement complet. Premier rapprochement décisif de la Femme prolétaire: Sophie Bliaux (1839-1844).

b) Évolution spontanée de Clotilde.

1er Chapitre. *Conception, enfance, et adolescence de Clotilde* (1814-1836).
Milieu social où se trouvait Henriette-Joséphine de Ficquelmont, lorsqu'elle devint la Mère de Clotilde. Préparation fondamentale de Clotilde, d'après sa filiation et son éducation catholique, corrigeant spontanément les antécédents révolutionnaires qui influencèrent ses Parents. Son séjour à la Maison de la Légion d'Honneur, à la rue Barbette.

2e Chapitre. *Jeunesse de Clotilde* (1836-1844)
Réaction du milieu social amenant spontanément l'émancipation philosophique de Clotilde. Son malheur conjugal tout à fait immérité. Son altruisme la préserve du scepticisme moral en attendant la régénération intellectuelle. Crise affective qui mûrit les inspirations de son incomparable empirisme moral. Elle voue irrévocablement son génie esthétique à la régénération humaine.

2e PÉRIODE — UNION

Fondation du Positivisme religieux.

1er Chapitre. *Première rencontre d'Auguste* COMTE *et* CLOTILDE. Lutte entre les tendances spontanées chevaleresques d'Auguste COMTE et ses opinions philosophiques. Avènement du Positivisme religieux, le 16 Mai 1845.

2e Chapitre. *Début orageux de l'essor affectif d'Auguste* COMTE aboutissant à la *Lettre sur la commémoration sociale,* envoyée le 2 Juin 1845.

3e Chapitre. *Initiation fondamentale* conduisant à la systématisation définitive du culte chevaleresque de la Femme.

4e Chapitre. *Crise décisive* amenant la consolidation du culte chevaleresque chez Auguste

3^E PÉRIODE — UNITÉ

Construction de la Religion de l'Humanité.

Quant à cette période finale, nous nous bornerons à rappeler que la reprise des méditations régénératrices de notre Maître, après l'immense catastrophe, fut signalée par la *Dédicace* de la POLITIQUE POSITIVE, où fut enfin instituée la Religion de l'Humanité. Et l'on pourra voir dans l'*Invocation finale* de ce traité comment notre Maître résume l'évolution religieuse qu'il venait d'accomplir, en y faisant ressortir la collaboration de sa noble et tendre Inspiratrice. *

CONCLUSION

Tel est le sublime tableau que cette modeste Chapelle est destinée à rappeler à tous les *riches de cœur* qui, selon la phrase de notre Maître, doivent désormais remplacer les *pauvres d'esprit* du Catholicisme (*Testament*, p. 24); elle vise donc spécialement les prolétaires et surtout les âmes féminines. En effet, dans sa nef, vous avez une représentation analytique de

---

* Voir l'*Appendice*.

l'évolution humaine; tandis que l'autel de l'Humanité y constitue un résumé synthétique de cette évolution. Il n'y a rien d'étonnant à ce que, pour y parvenir, nous nous soyons bornés à prendre pour base l'autel de la chapelle qui, dans l'église de St. Paul-S. Louis, est contigüe à celle du baptème. C'est là que notre Maître venait, « depuis la fin de Novembre 1854, chaque samedi, prier une demi-heure, » après sa visite à la tombe de Clotilde. (*Testament*, p. 10.) Car le culte catholique n'est que l'héritier des cultes antérieurs, fétichiques, polythéiques, et monothéiques, d'après l'institution de l'Eucharistie, et le précurseur immédiat du culte de l'Humanité, par l'adoration de la Vierge-Mère. On comprend ainsi pourquoi Clotilde pouvait écrire en 1837, sur son exemplaire de la *Journée du Chrétien*, qu'elle gardait comme son livre usuel au couvent de la Légion d'Honneur, à la rue Barbette, et qu'elle donna à notre Maître, la veille de sa mort, cette touchante effusion: « Souvenir précieux de ma jeunesse, compagnon et guide des heures saintes qui ont sonné pour moi, rappelle toujours à mon cœur les cérémonies grandes et suaves de la chapelle du couvent!... » (*Testament*, p. 03.) Voilà pourquoi aussi notre Maître pouvait dire à son angélique Inspiratrice: « Il s'agit surtout, au fond, d'incorporer intimement au positivisme, avec des améliorations radicales, tout ce que le système catholique du moyen âge a pu réaliser, ou même ébaucher, de grand ou de tendre. » (*Testament*, p. 296.) C'est ce qu'il est aisé de montrer en examinant, au point de vue positif, un autel catholique.

En effet, dans un sanctuaire catholique consacré à la Vierge-Mère, s'élève, sur un thrône de plusieurs degrés, ornés de fleurs et de lumières, la statue d'une femme, tenant un enfant entre ses bras. La piété catholique tâche de voir sous cette physionomie suave e' tendre les traits de la Juive exceptionnelle dans le sein de laquelle Dieu s'est incarné. Mais, en réalité, l'absence totale des documents historiques au sujet de Marie ne permet que l'institution d'une idole purement idéale. Rien n'empêche donc qu'on y voit un emblème de l'Humanité, d'après le saint apanage propre au sexe féminin, dont l'individualisation ne peut affecter que le *degré de perfection* d'un tel symbole sans en altérer aucunement la nature. Quant aux fleurs, elles rappellent spécialement l'institution de l'agriculture, qui seule devint la base de la vie sédentaire et pacifique, et permettra l'avènement de mœurs entièrement épurées de cruauté, même envers les animaux. Tandis que les cierges caractérisent l'institution du *Feu*, ce *maître de tous les arts*, comme l'appelle Eschyle, et qui seul mit l'Humanité à même d'aprivoiser le fer et de maîtriser la foudre.

Sur un plan assez inférieur, se détache, entre les fleurs et les lumières du trône de la Vierge-Mère, un petit Crucifix. En tant qu'emblème synthétique, c'est-à-dire, en tant qu'un signe résumant une appréciation religieuse de l'existence humaine, ce symbole est propre aux catholiques. Mais, pour ce qui regarde la croix, le langage occidental a, depuis longtemps, fait surgir, à côté de cette interprétation, une signification restreinte et épurée de tout alliage théologique. En effet, une telle image est vulgairement employée pour désigner abstraitement le martyre, ou la souffrance volontaire, pour faire triompher l'altruisme. Et, quant à l'image du Rédempteur, c'est une création tout à fait idéale, vu la complète absence des données historiques au sujet du légendaire fondateur du Catholicisme. Tout nous porte donc à ne voir dans le Crucifix que la représentation plastique de la conception monothéiste de St. Paul. D'un autre côté, l'énorme contraste entre les manifestations esthétiques respectivement décernées à ce symbole et à l'image de la Vierge-Mère, fait bien ressortir que le premier ne signale qu'une phase épuisée de l'histoire de l'Humanité, tandis que la seconde caractérise une fleuraison perpétuelle.

Le troisième plan est constitué par la table de l'autel proprement dit, dont la forme tumulaire nous rappelle tout aussitôt la phase initiale de l'Humanité se degageant de l'Animalité d'après l'essor du culte des morts. La nappe qui la recouvre ne signale pas simplement les cérémonies fétichiques propres à ce culte, que les Théocraties s'étaient incorporées, et où St. Paul a puisé l'institution de l'Eucharistie. Elle caractérise aussi le début féminin de l'industrie humaine, aussi bien que les saints efforts de la Femme pour rendre de plus en plus altruiste la plus grossière des conditions de la vie humaine,—la *nutrition*.

Quelques degrés séparent l'autel du sol du sanctuaire qui indique le niveau commun des Espèces animales supérieures, d'où la nôtre s'est detachée, de plus en plus, d'après l'expansion continue de son inépuisable altruisme. L'ensemble de ces espèces y est même presque toujours représenté par un Agneau et une Colombe. Tel est le terme de la sainte descente qui, devant un autel catholique de la Vierge-Mère, emblème spontané de l'Humanité, nous fait arriver jusqu'au fétichisme primitif, en passant par le théologisme, condensé dans le monothéisme de St. Paul. Après avoir fait ce pèlerinage dans le Passé, le cœur éprouve le besoin de remonter à l'état normal, où l'altruisme peut seul trouver un séjour éternel. Mais alors, le Fétichisme et le Positivisme y arrivent indissolublement unis; en sorte que, le même monument qui n'offre qu'une représentation historique du Théologisme, montre le Fétichisme et le Positivisme dans leur vie actuelle et sans bornes.

Ainsi, sans effort, un vrai positiviste découvre dans un autel catholique de la Vierge-Mère un trône spontané de l'Humanité. Sa vénération s'y trouve donc naturellement stimulée par une pareille contemplation, et le place dans une parfaite unité sympathique avec les catholiques les plus fervents. Ce n'est pas d'après une simple déférence envers ses semblables que son attitude y sera respectueuse: le recueillement qu'il y montre lui est directement inspiré par les symboles religieux qu'on y voit. Tout cela est également, pour les positivistes, un double objet de culte, non seulement par les émotions et les pensées que ces symboles alimentèrent autrefois, chez nos plus éminents ancêtres, mais aussi par les sentiments et les idées qu'ils sont propres à entretenir éternellement dans les cerveaux émancipés.

EFFUSION

Après cette commémoration, spéciale et générale, du Passé que ce modeste sanctuaire est destiné à évoquer, et après les espérances et les vœux qu'un pareil spectacle doit naturellement éveiller ou ranimer envers l'Avenir, vous comprendrez que nous résumions, dans un épanchement d'amour et de reconnaissance, tout ce que nous devons à l'Humanité représentée par nos très-saints Parents spirituels. Or, nous ne saurions mieux satisfaire ce doux besoin qu'en reproduisant la touchante effusion par laquelle le Fondateur et Directeur de l'Église Positiviste du Brésil, M. Miguel Lemos, témoigne, chaque année, la gratitude de ceux que lui seul a eu le bonheur incomparable de mettre dans la voie du salut, en les y guidant depuis vingt-cinq ans, par ses enseignements, ses conseils, et ses exemples.

Tu Duca, tu Signore, e tu Maestro

Le 24 Gutemberg 69 (5 Septembre 1857), Auguste COMTE était surpris par la mort au milieu de son immense tâche. Il mourrait dans la pauvreté, presque obscur, entouré à peine par un petit nombre de disciples fidèles et connu seulement, en dehors de ce giron, par ceux qu'il avait enrichi avec les miettes de son génie, et qui cachaient soigneusement la source de leur soudaine opulence. Beaucoup même de ceux-ci lui payèrent ses leçons par l'insulte, par la calomnie, et par la trahison...

Cette vie qui finissait inopinément à cinquante-neuf ans avait été entièrement consacrée, avec une compétence exceptionnelle, de cœur, d'esprit, et de caractère, à la solution du problème religieux.

Donner à la société future une religion scientifique, sans mystères, où rien ne choquerait la raison, basée sur l'ensemble des connaissances positives et ayant pour but suprême le plus grand perfectionnement de l'homme, —voilà la tâche que s'est proposé le grand Penseur.

Ce problème s'imposait avec le poids de tout le Passé. Le résoudre était renouer le fil des âges et rattacher de nouveau l'homme à l'homme. Et, par là, la religion, après avoir été spontanée dans la période fétichique, inspirée dans la phase polythéique, révélée pendant la concentration monothéique, devenait enfin démontrable. *Diis extinctis, Deoque successit Humanitas.* Aux Dieux éteints et à Dieu succéda l'Humanité.

La prophétie de Joseph De-Maistre se trouvait réalisée. Avait apparu l'homme prodigieux qui devait clore

42

l'œuvre de démolition du XVIII siècle, en réunissant chez lui les affinités de la science et de la religion.

Cette entreprise Auguste COMTE la mena à bout avec une science et une grandeur morale qui ne sauraient jamais être surpassées.

Il fut à la fois un savant, un philosophe, et un saint.

Son instruction aristotélienne embrassait toutes les sciences existantes de son temps, depuis la Mathématique jusqu'à la Biologie. Il en créa deux autres, la Sociologie et la Morale. Son abnégation n'eut jamais de supérieure. Persécuté par les coryphés de la science officielle, il se vit dépouillé avec la plus grande iniquité des modestes fonctions qu'il exerçait, et il accepta la misère avec la sérénité du juste.

Le pain vint à lui manquer. Un jour sa domestique, témoin émue d'une si douloureuse situation, se jeta à ses pieds et le pria toute en larmes d'accepter la pauvre aide de ses propres économies afin de ne point voir son maître mourir de faim !

Le cœur de l'humble prolétaire avait compris l'héroïsme de cet homme, si ferme envers les puissants et si plein de bonté envers les faibles et les petits.

Enfin, un amour pur et immense, étonnement et scandale de la grossièreté contemporaine l'éleva, sous la sainte inspiration de CLOTILDE, aux hauteurs idéales des plus grands enthousiasmes.

Aristote par l'intelligence, St. Paul par le cœur, Junius Brutus par le caractère,—tel fut le Fondateur de la Religion de l'Humanité.

La Postérité saura un jour commémorer mieux que nous cette existence sans pareille, vers l'apothéose de laquelle concourront toutes les splendeurs de l'art régénéré par un culte nouveau et alimenté par une communion spirituelle inconnue jusqu'ici.

Du sein de la paix universelle s'élèveront les hymnes

sacrées à la louange du Maître divin. Toutes les races, toutes les patries, toutes les familles, ralliées par une croyance commune, connaissant le Passé, sures de l'Avenir, rappelleront unanimement les grands services rendus par le sublime Fondateur.

Pour le moment, il faut encore vaincre. Les émotions de la lutte troublent l'épanchement de ce jour. Un jour de fête n'est pour nous qu'un jour de trêve. Demain, il faudra encore continuer notre apostolat, convaincre, persuader, repousser la calomnie et souffrir l'injure.

Peu importe. Les prophéties scientifiques ne mentent pas et les signes certains de la victoire se trouvent partout.

Les yeux fixés sur cette unité religieuse de l'Avenir, —Jerusalem spirituelle et cité céleste rêvées par les grandes âmes d'Israël et du Catholicisme, accomplissement réel des aspirations prématurées des généreux utopistes, terme de la misère et de la guerre, avènement de la fraternité universelle,—rappellons aujourd'hui les exemples légués par l'infatigable Régénérateur et faisons le vœu d'imiter sa constance inébranlable et son sublime dévouement aux destinées de l'Humanité.

CONCLUSION

Pour clore cette modeste solennité, nous vous prions de vouloir bien accepter les quelques petits volumes et les quelques roses qui sont sur cet autel. Les volumes sont un précieux recueil des écrits les plus touchants des Fondateurs du Positivisme, et qui permettent à toute femme, comme à tout homme de cœur, de saisir le vrai caractère, moral et social, en un mot, religieux, de l'œuvre de notre Maître. Il se compose de la nouvelle de CLOTILDE, *Lucie*, de ses deux poésies, *Les Pensées d'une Fleur* et l'*Enfance*, précédées d'une appréciation de notre Maître et suivies de quelques extraits de la *Correspondance sacrée*; et puis de la *Lettre sur la Commémoration sociale* et les *Prières quotidiennes* de notre Maître. On y a ajouté trois phototypogravures représentant respectivement : Rosalie-BOYER vouant son fils à la régénération sociale; la mort de CLOTILDE; et l'Humanité personnifiée par CLOTILDE, telle qu'elle se trouve sur le maître-autel du Temple de l'Humanité à Rio de Janeiro.

Ce recueil vous expliquera tout de suite comment ces fleurs sont devenues systématiquement notre emblème sacré, de même qu'elles sont, pour tout le monde, un signe spontané d'amour, au comble de la joie, comme dans la plus extrême douleur. Au nom de ceux des positivistes occidentaux dont nous sommes l'humble représentant, nous vous disons donc :

Nous vous distribuons ces fleurs comme l'expression de notre sympathie religieuse. Elles symbolisent, à la fois, nos vœux et nos résolutions; nos vœux, parce que, comme elles, nous n'avons d'autre destinée que le bonheur de l'Humanité sur la Terre et dans l'Espace; nos résolutions, parce que, comme elles, nous ne dominerons que d'après la libre soumission des cœurs et des esprits. Que cet appel fraternel à la concorde humaine trouve un écho dans vos âmes, et qu'il vous pousse à joindre vos efforts aux nôtres, pour l'œuvre de la régénération sociale. Ainsi soit-il.

APPENDICE

Extrait de l'*Invocation finale* de la POLITIQUE POSITIVE,
Tome IV, pgs. 546-550.

Chacun des sept pas essentiels de ma construction religieuse caractérise spécialement l'angélique influence que son début proclama. Ton concours est incontestable envers les trois qui distinguent le tome initial, quoiqu'on ne le sente assez que pour le premier d'entre eux. Mon ouvrage fondamental avait irrévocablement dévoilé l'existence composée et continue qui domine de plus en plus l'ensemble des affaires terrestres. Il avait même proclamé graduellement la prépondérance du cœur sur l'esprit, comme unique source, spontanée ou systématique, de l'harmonie humaine. La nature et la destinée du Grand-Être se trouvant ainsi révélées, il suffisait, pour instituer la religion universelle, qu'une sainte tendresse me rendît assez familier le principe fondamental où venait d'aboutir ma première vie. Voilà comment le dogme de l'Humanité surgit, à l'anniversaire initial de notre catastrophe, dans le cours décisif d'où dérive tout ce traité. Quiconque a bien senti cette filiation doit maintenant reconnaître qu'il faut la faire remonter jusqu'à la dédicace qui, quelques mois avant, formula la première manifestation de tous les germes d'un tel progrès.

Ta participation n'est moins sentie, envers les deux pas propres à la seconde moitié du tome initial, que parce qu'ils ne sont point encore devenus aussi familiers à la plupart de mes disciples. Quand j'introduisis le titre de positiviste, un public empirique et sceptique le jugea non moins contradictoire qu'étrange. Je l'ai fait, en trente ans, tellement grandir qu'il est recherché, comme gage d'ordre autant que de progrès, par beaucoup de ceux qui n'en remplissent pas les principales conditions. Parmi les sept acceptions qu'il combine, la dernière, que je ne pouvais sentir sans toi, reste la moins appréciée, quoiqu'elle soit la plus décisive, comme concernant directement la seule source de la véritable unité. Ceux qui reconnaissent le mieux la connexité nécessaire des six caractères propres à l'esprit positif, à la fois réel, utile, certain, précis, organique, et même relatif, n'ont point assez accompli leur régénération pour lier les titres intellectuels à la qualification morale. Mais, quoique je sois encore la seule âme où *positif* soit aussi devenu, grâce à toi, l'équivalent de *sympathique*, je ne doute pas que tous mes vrais disciples ne me suivent bientôt jusque-là, sous l'irrésistible impulsion de la synthèse que je viens d'achever. Alors l'ensemble de la révolution occidentale se trouvera familièrement résumé par la pleine régénération d'un terme fondamental, qui désormais caractérisera la meilleure moralité, sans perdre les avantages propres à sa matérialité primitive.

Une telle issue se trouve annoncée par l'appréciation naissante des deux pas complémentaires du tome premier, qui, quoique intellectuels, manifestent directement la source affective de la vraie synthèse. La systématisation de la logique positive, d'après l'irrévocable avénement de la méthode subjective, caractérise l'ensemble de la réaction mentale que je dus à ton saint ascendant. Comment aurai-je assez reconnu sans toi que les sentiments peuvent seuls combiner les images avec les signes pour élaborer la pensée, de manière à rendre directement connexes l'instinct fétichique et la raison positive? Quand on aura dignement compris que tu participas autant au second pas du positivisme religieux qu'au premier, on ne tardera point à distinguer ton influence envers le troisième. Ma construction de la théorie cérébrale est tellement liée à l'institution de la méthode subjective que toutes les âmes assez sympathiques pour devenir vraiment synthétiques sentiront ton concours nécessaire dans une élaboration plus féminine que masculine.

Ici commence la discordance croissante entre les positivistes qui se qualifient d'intellectuels, sans être plus intelligents, et les positivistes complets, c'est-à-dire religieux. Quoique la plupart des premiers bornent leur adhésion à mon traité fondamental, quelques-uns ont déjà poussé leur évolution jusqu'au dogme de l'Humanité, dont la liaison avec l'ensemble de la sociologie n'échappe qu'aux sophistes. Mais cette conclusion, purement intellectuelle, y reste stérile, sans pouvoir instituer un point de départ, faute d'impulsion morale. Aussi les positivistes avortés ont-ils réprouvé ma dédicace, en la taxant d'exagération sentimentale, et je ne doute pas que l'invocation actuelle ne les choque davantage, au même titre. Leur appréciation de la méthode subjective et de la théorie cérébrale diffère peu de celle des penseurs assez arriérés pour rejeter le dogme de l'Humanité comme ontologique ou mystique, quoiqu'ils admettent la sociologie.

Quiconque a bien senti la connexité normale des trois pas qui constituent la progression propre à mon premier volume, apprécie aisément les quatre autres degrés du positivisme religieux. Cette extension devient surtout facile envers les deux accomplis au tome deuxième, et principalement pour celui qui, formant le milieu de la régénération sympathique, sera bientôt regardé comme le plus décisif de tous. En instituant, au début de la statique sociale, la suprématie encyclopédique de la morale, même sur la sociologie, j'ai systématiquement élevé ma construction religieuse au-dessus de ma fondation philosophique, d'après la vraie théorie de l'unité. L'influence féminine, dont tu dus me fournir le meilleur type, ne saurait être méconnue envers un tel progrès, qui distingue le mieux le positivisme social du positivisme intellectuel. Ton concours n'est pas plus contestable pour le degré connexe, qui complète mon second volume en fondant la sociocratie sur la séparation normale des deux pouvoirs, restée familière à ton instinct catholique, malgré les perturbations sceptiques.

J'aurais difficilement amené ton incomparable modestie à reconnaître ta participation capitale dans l'ensemble du tome troisième, dont le domaine échappe le plus à tes préparations spéciales. Mais, si nous avions pu réaliser le noble désir que tu me témoignas spontanément envers l'étude synthétique de l'histoire, tu sentirais maintenant combien tu m'aidas à systématiser mes conceptions dynamiques. Il te suffirait de comprendre que la synthèse historique se résume nécessairement dans l'institution d'une connexité directe entre les deux termes extrêmes de l'initiation humaine, le fétichisme et le positivisme. L'admirable canzone que je récite chaque matin depuis neuf ans caractérise autant la poésie fétichique que la sainte nouvelle annonce l'idéalisation positive. Sous ce concours spontané, tu n'aurais pu refuser de reconnaître ta participation involontaire à ma construction de la philosophie de l'histoire, quoique cette réaction échappe encore à mes meilleurs disciples.

Nul ne contestera ton influence nécessaire sur le septième pas, qui, dans ce volume, termine l'ascension normale du positivisme religieux, en dissipant les graves discordances que j'y laissai l'an dernier. S'il t'eût été permis de contempler les meilleurs fruits de ton éternel ascendant, tu m'aurais spontanément signalé la triple dissonance qui, tardivement sentie, m'a pourtant conduit à préserver le tome final de l'altération propre à l'opuscule intermédiaire. Quoique tous mes vrais disciples aient immédiatement adopté la résolution systématique qui m'a définitivement conduit à classer le culte avant le dogme, aucun d'eux ne pouvait assez surmonter l'empirisme théologique et sceptique pour me suggérer un tel conseil. Mais, chez toi, la sympathie aurait tant assisté la synthèse que ce perfectionnement eût été déjà réalisé dans le saint opuscule où ta collaboration fut seulement subjective. Faute d'un tel secours, j'ai failli manquer le progrès final qui, résumant l'ensemble de mon essor religieux, doit, plus que les six pas précédents, choquer les positivistes incomplets.

Voilà comment l'appréciation spéciale de ton concours essentiel à chaque phase de mon élaboration religieuse aboutit à confirmer la fatale différence entre la participation subjective et l'assistance objective. Il faut encore plusieurs années avant que le positivisme, enfin complet dans ce traité, passe de la nation la plus philosophique à la population la plus poétique, où s'accomplira son idéalisation décisive, seule évolution que je ne puisse instituer. Cet intervalle t'était réservé pour préparer l'essor final d'une religion plus esthétique que théorique par la sanction et l'intervention solennelles du sexe que la sympathie dispose le mieux à l'état synthétique.

Documents manquants (pages, cahiers...)
NF Z 43-120-13